BIBLIOGRAPHIE.

DE L'ESPRIT DE MON TEMPS

Ou considérations sur l'ordre moral, dans ses rapports avec les préoccupations contemporaines, particulièrement en France.

Par M. DUBOIS-GUCHAN.

*

V.

Le sensualisme aristocratique du dix-huitième siècle fut hardi, mais élégant, mais spirituel, mais amusant. Notre sensualisme bourgeois n'est que du sensualisme cru, couvert de soie, ourdi de calculs et souvent de bêtise. Les exhibitions que l'aristocratie réservait pour les boudoirs, nous les plaçons sur nos théâtres. Nous appelons poses plastiques les nudités complètes, que le sentiment de l'art relève, il est vrai, pour des yeux artistes, mais où la foule qui paie ne voit guère que ce qui se montre.

—

Au commencement de ce siècle, nous courions encore aux tragédies, nous avions le sens, comme le goût, du sublime. Tel savetier jouait dans ses caves ou dans ses mansardes *Mithridate* ou le *Cid*, que le peuple ne pouvait payer aux Français. Cela est bien changé, mais non pour le peuple, qui aimerait le grand, si tout ce qui se fait pour lui : journaux, chansons, gravures, ne parodiait le grand, c'est-à-dire le beau, et qui court au *Cid* ou à *Cinna* dès qu'il le peut.

—

Qu'on nous donne la *Grande-Duchesse de Gérolstein* en même temps que la *Ciguë*, la pièce athénienne exquise, savamment jouée, aura peu de public. Le bourgeois ne vient que pour la *Grande-Duchesse*, je veux dire la grande drôlesse, où le sot et l'ignoble se disputent, non sans succès, ce public choisi qui ne connaît plus que la littérature à deux sous et pour qui le sel attique du français n'a plus de saveur au prix de l'arsenic.

—

Voltaire n'est plus Voltaire que pour le petit nombre, pour une secte, pour une coterie, pour un conclave ; mais ces gens-là ont la superstition de Voltaire comme d'autres eurent la superstition de Luther ou de Calvin. On lit dans les œuvres de Voltaire des choses inouïes, dans sa Correspondance, des choses affreuses, qu'importe ? — Voltaire n'y perd rien de l'estime des dévots. Il s'avouerait dans cette Correspondance incestueux, renégat, parjure, assassin, empoisonneur, voleur, que les dévots de Voltaire ne l'en priseraient que mieux. Nous avons généralement le goût du monstre et le goût du monstre s'accroît de tout ce qui accroît le monstre; c'est un de nos tics contemporains.

—

Y a-t-il un scélérat fameux qui n'excite une sorte d'enthousiasme chez les hommes et ne tourne la tête à quelque femme? Comment se fait-il que toute grande empoisonneuse acquittée par la cour d'assises] soit la folle enchère de vingt futurs maris? N'assure-t-on pas que la femme d'un guillotiné, guillotiné bruyamment, sans doute, pour une complication de forfaits vils et atroces, a trouvé son prétendant? Je n'en réponds pas; mais est-ce improbable? Qu'il n'y ait là que des rumeurs, soit; je m'en félicite; mais pourquoi ces rumeurs, si le temps les répudiait?

—

Qui oserait dire que les assassins, aux fleurs champêtres, que les assassins de femmes (Aspe et Philippe), n'en ont pas intéressé plus d'une? Qui niera, répétons-le, notre penchant pour le monstre?

*

VI.

Si la soif des richesses est de tous les temps, elle est pourtant plus ou moins intense, plus ou moins générale selon les temps. Dirai-je trop, si je dis que, de notre temps, elle est plus que jamais intense et générale?

—

Quelle est l'idée qui ne soit avant tout une spéculation, ou quelle spéculation ne méprise l'idée si elle n'est qu'idée ? Qui eût pensé que l'acquisition des billets de théâtre ne pourrait se faire au théâtre, dans les bureaux chargés de les distribuer, et qu'aux grands jours de représentation on n'en trouverait qu'aux enchères, dans des succursales tout proches, où le commerce patent de ces billets, bravant les tarifs, fait fortune, et des fortunes ?

—

Le menu quotidien d'un dîner coûteux, mais délicat, que donnait un grand journal n'a-t-il pas plus accru sa clientèle que ne l'eût fait la plume d'un Chateaubriand ? Et nos meilleurs journaux se passeraient-ils impunément des primes commerciales qu'ils offrent pour se soutenir ? La prime s'est bornée jusqu'à présent à des livres, à des gravures, à des patrons de modes. Qui m'assure qu'on ne finira point par offrir soit des vins, soit des bourriches ? J'ai déjà vu des Œuvres célèbres mises en vente avec prime de linge et de porcelaine. Qu'en eussent dit nos grands lyriques ?

—

Sénèque, Pline, nos vieux chrétiens et Le Dante s'emportaient contre l'usage des miroirs, contre l'anneau d'or substitué à l'anneau de fer : c'était outré. Mais que diront nos vieux Broussels, nos vieux bourgeois de Molière, en apprenant que le prix courant de la simple façon d'une robe de bal monte à cent écus ? Et, si la façon coûte si cher, que sera-ce donc de la robe? Et, si ce luxe est commun, qui paie ce luxe?

Nos instincts contemporains s'exaltent sous deux formes ; si le pouvoir est faible, nous courons sur lui pour le supplanter. Chacun de nous veut être le pouvoir, du moins un pouvoir. Voilà pour l'ambition. Que le pouvoir soit fort, vite aux affaires! En avant le gain par le jeu! Courons à la Bourse, faisons y sauter la fortune d'autrui ou la nôtre : voilà pour le luxe, voilà pour le confort. Nous avons deux clefs d'or : le pouvoir, la Bourse.

Si nos anciens dieux sont méprisés, nous ne restons pas sans dieux : nous nous partageons entre les Gracques, Law et Cagliostro. Le courtier marron, le factieux et le charlatan nous possèdent. Sa Majesté le capital, Sa Majesté le tribun, Sa Majesté Bosco, voilà nos maîtres.

*

VII.

De même qu'il y a dans la politique nombre de gens déraillés qui, faute d'être bons à quelque chose, aspirent à tout, de même on voit dans l'ordre social trop de gens qui, ne voulant pas être roturiers, ne peuvent ni ne savent être gentilshommes, et l'on ne sait que faire de ces métis qui, contrairement aux lois naturelles, se reproduisent et sont très-féconds.

—

Un de ces métis, qui se nommait Guillau, si

vous voulez, et qui avait pour mère une Dantoine, très-roturière, insistait près du gouvernement pour se nommer d'Antoine avec apostrophe. Comme je lui demandais pourquoi ? — C'est par piété filiale, répondit-il. — Mais, pourquoi l'apostrophe ? ajoutai-je.— Il resta muet et rougit. La piété filiale portait Guillau à renier son père et à dénaturer sottement le nom de sa mère !

Qui n'a vu parmi nos parvenus élégants (car on en voit et qui sont nés pour ainsi dire ce qu'on les voit), ces épais parvenus qui s'étonnent d'être quelque chose ; qui paradent autour des gouvernements qui débutent ; qui s'affublent de croix et de distinctions, jurant avec leur sot physique, à qui l'on dirait chez eux : « Je voudrais parler à votre maître », et qui portent l'habit de leur charge un peu moins bien que Pierrot l'habit de marquis. — Qui n'a vu ces faux comtes bariolés dont tout est faux, jusqu'au ratelier dont ils minaudent ?

N'a-t-on pas lu récemment ces grands procès retentissants, j'allais dire presque illustrés, où l'on ne sait ce qu'il y a de plus vil, du sujet ou du personnage ?

Je lis dans Mathieu Marais qu'un prisonnier du fort l'Evêque, n'ayant pas voulu passer d'une chambre dans une autre, s'était armé d'un couteau pour mieux résister; des officiers publics, venus sur le lieu, le firent tuer et, après le procès à son cadavre, le firent traîner sur la claie. Ce fait monstrueux ne remonte qu'à

Louis XV : aujourd'hui, (1) — à cent ans d'intervalle — pour arrêter à Blagnac deux malfaiteurs inculpés de tentative de meurtre, une portion de la force publique s'est fait mutiler sans riposter : excès contraire, et je n'appelle pas humanité le sacrifice d'honnêtes gens.

—

S'il est plus aisé de flétrir les mauvaises mœurs que de les vaincre, il est, au moins, doux de les louer dans ce qu'elles ont d'honorable ; du sein de la civilisation romaine Tacite félicitait l'enfance et l'heureux naturel du sage Agricola, son beau-père, d'avoir eu pour école et pour séjour Marseille, « où s'alliaient, disait-il, l'urbanité grecque et la simplicité des provinces (2); » Je connais près de Marseille, une grande ville de province où la cour impériale compte dans son sein des millionnaires qui aiment le travail comme s'ils avaient leur fortune à faire; j'y connais des magistrats de première instance qui ont la même ardeur dans la même opulence ; j'y connais un barreau dont les célébrités — millionnaires — épuisent leur santé pour le pauvre ; j'y connais, dans les affaires, tel commerçant qui réserve annuellement pour les hospices le dixième de ses immenses profits... Mais, si j'ajoute que dans cette ville, qui est la primatiale des Gaules, la religion ne fleurit pas moins que le travail et

(1) En septembre 1864.

(2) Vie d'Agricola.

la charité, qui étonnerai-je que ceux dont je parle (1)?

*

VII.

Ceux qui soutiennent la pureté sans tache de nos prétendues mœurs chrétiennes lisent bien peu les mandements de nos évêques et les encycliques de Rome, ou les oublient bien promptement, car ce que j'écris est bien doux en comparaison ; mais aussi n'ai-je aucun titre pour parler si haut.

Comment concilier sur les mœurs, la comédie, la chaire, le journal? — Nous avons les mœurs vraies et les mœurs officielles : J'appelle mœurs officielles tout ce qu'il plaît aux intérêts de parti d'inventer pour ou contre les mœurs ; mais nos mœurs ne sont pas moins discutées que notre histoire. Nos mœurs sont bonnes ou mauvaises selon que le vent est ou n'est pas à la religion ; selon qu'il est ou n'est pas favorable à tel parti politique social ; à telle fraction d'un parti social ou politique. Nous ne voyons nos mœurs qu'à travers nos intérêts ou nos caprices;

(1) Je ne connais pas de ville où il règne plus d'ordre extérieur, plus de tranquillité, plus de douce obligeance populaire qu'à Lyon. Son peuple, viril et laborieux, ne semble y connaître ni l'injure, ni la simple impolitesse, et la halle même n'y dément pas, sous ce rapport, la place publique. L'ivrognerie y est presque inconnue.

l'histoire des mœurs n'est pas plus sincère que l'histoire politique.

—

Depuis quatre-vingts ans, nous épuisons toutes les formes possibles de gouvernement, et toutes échouent; toutes se brisent ou fondent entre nos mains sans parvenir à nous contenter ou même à ne pas nous irriter. Pourquoi ni la monarchie, ni la république, ni le régime parlementaire ne nous conviennent-ils pas? — C'est que nous n'avons ni les mœurs de la république, ni les mœurs de la monarchie, ni celles même du régime parlementaire. Car, dans une bonne société, tous les gouvernements sont bons; comme dans une mauvaise, tous les gouvernements sont mauvais. Ce n'est donc pas dans telle forme précise du gouvernement qu'il faut chercher le remède à notre malaise social. Notre plaie, c'est de ne pouvoir souffrir l'autorité sous le nom du gouvernement, si bien qu'un publiciste autorisé près des masses professe l'anarchie, c'est-à-dire l'absence de tout gouvernement, comme on professait jusqu'ici le système de l'ordre public par le gouvernement. Cela ne dit-il pas jusqu'à quel point notre société est malsaine? Les socialistes ont raison de vouloir rectifier la société, seulement ils ont si peu le secret de ce qu'il lui faut, qu'ils ne sauraient la toucher que pour la détruire.

—

Notre société se nomme chrétienne, mais au

fond, par le matérialisme qui s'y étale, par l'orgueil, le rationalisme et l'individualisme, l'indocilité qui s'y déploient, n'est-elle point païenne? Qui le niera si ce n'est ceux pour qui le paganisme est l'adoration formelle de Jupiter ou de Saturne? Mais ceux qui savent que christianisme et spiritualisme se confondent, comme paganisme et matérialisme s'identifient (1), me comprennent, et ils s'avouent, sans doute, que notre société, chrétienne de nom, est, de fait, païenne. Si je le voulais, — mais cela me mènerait trop loin — je défierais la société chrétienne dégénérée de trouver dans la société païenne les excès qu'elle même présente : les exemples et les faits sont sous ma main, je veux les taire.

—

La meilleure censure des mœurs, c'est celle qu'on puise dans les mœurs mêmes. L'institution de la Mère Sotte —plus sage qu'on ne croit — à Dijon, se fit respecter. Sa juridiction s'étendait sur les gens de tous états. Au dix-septième siècle, non-seulement de hauts magistrats, mais les Condé et les d'Harcourt en étaient membres. Aussi dès qu'un scandale public ou même privé, dès qu'un mariage inconvenant, une émeute conjugale, une séduction clandestine échauffaient les esprits, Mère Sotte accou-

(1) Ils s'identifient dans la langue des moralités modernes. L'histoire vraie du paganisme est pleine de nuances et permet de très-saines interprétations de son culte, à Rome surtout.

rait avec son infanterie dijonnaise, cornettes au vent et marotte en main. — Nous avons les journaux, me dira-t-on. — Soit : mais que n'avons-nous la Mère Sotte contre les écarts des journaux ; la censure des esprits honnêtes sur les esprits malhonnêtes.

*

VIII.

Non-seulement l'irréligion qu'on nous vante ôte à la société ses bases en supprimant la responsabilité ; mais elle ôte à tout homme son frein moral, que le frein légal supplée si peu ; elle assombrit l'existence qu'elle ne console plus ; elle provoque les délires de la folie quand elle n'aboutit pas au suicide.

—

L'ambition politique qui nous brûle fait germer les passions les plus turbulentes, les plus égoïstes ; elle pousse à des résultats semblables à ceux de l'irréligion, qui l'accompagne d'ordinaire et la complique.

—

Quand la religion consolait les cœurs, quand l'ambition était restreinte au cercle étroit de la condition privée, et n'arrivait pas jusqu'à la manie des déclassements immédiats, l'aliénation mentale était rare. Aujourd'hui que presque tous nos départements ont leurs établissements d'aliénés immenses et croissant tous les jours, ces établissements sont insuffisants.

Notre tempérament français est un de ces mélange d'air et de feu, un de ces éléments gazeux qui, lorsqu'on les comprime, éclatent, et qui, si on ne les contient pas, déraillent; mais où est le point de séparation? où est le vrai milieu passé lequel réprimer c'est comprimer? en deçà duquel réprimer c'est contenir? On s'évertue à trouver ce point milieu; chaque parti prétend le posséder; aucun ne s'y tient.

—

Un savant astronome a dit spirituellement: « Il y a bien des siècles que nous avons traversé la période glacière; nous en sommes aujourd'hui à la période conférencière. » Au fond, les deux périodes sont-elles distinctes ou du moins inconciliables? Ne pourrait-on être en même temps de la période glacière et conférencière? Voyons: Qu'est-ce que les conférences, sinon le demi-monde de la science, l'étalage de la faconde superficielle, l'amusement au parlage, un charlatanisme académique préparant au charlatanisme politique, un jeu de sophismes ressuscité des rhéteurs antiques, parlant de tout en tout sens pour se jouer du bon sens et du public par le despotisme de cette loquacité prétentieuse que Mirabeau qualifiait si plaisamment de garrulance? Tout cela serait-il si peu glacial?

Franchement, l'invasion du pédantisme intellectuel par l'abus d'une instruction qui dédaigne l'éducation, invasion dont on rend les femmes complices et pour laquelle tant de bachelières minaudières, mais, surtout, libres penseuses se guindent, n'est-elle pas l'un des caractères du temps ? Du pain et des rhéteurs, que faut-il de plus ?

—

Ce qu'il faut, c'est ce à quoi nos rhéteurs songent le moins ; ce même à quoi ils sont le plus contraires. Ce qu'il faut, c'est régénérer le respect du pouvoir, c'est rétablir l'autorité et la discipline sociale par les croyances ; ce qu'il faut, c'est faire respecter l'expérience, c'est recommander les cheveux blancs ; c'est ne pas faire de la longévité un affront, ce qui en fait dès lors un chagrin.

—

Et la religion même n'est plus une prédica-ion et un précepte, mais une conférence où il semble que, ne pouvant plus prêcher, il faut qu'elle converse, et que, ne pouvant plus défendre le mal, elle se défende elle-même d'être un mal ; non que je n'admire les illustres controversistes qui font de la chaire un barreau ; ils ont raison, puisque les temps le demandent, mais je plains mon temps de l'exiger.

*

IX.

Rien de plus beau que notre siècle si les intentions cadraient avec les prétextes, si les faits étaient conduits par les principes, non par les passions, je veux dire par des calculs imitant des passions ; si ceux qui veulent le bien ne voulaient que le bien ; si ceux qui veulent le triomphe du bien permettaient que ce triomphe eût lieu par d'autres qu'eux mêmes ; si l'ambition cédait au patriotisme ; si l'esprit d'orgueil cédait à l'esprit de sacrifice ; si des hommes, qui ont toutes les faiblesses de l'homme, n'aspiraient pas à cet excès d'orageuse liberté dont abuseraient des anges.

—

Je suis convaincu, d'après l'histoire même, que, grâce à la liberté sociale, le pouvoir absolu ne fut qu'un principe abstrait, —s'il fut même un principe — jamais un fait durable, et que la dictature du mal fut partout temporaire et limitée à cet acte atroce, mais exceptionnel. La tyrannie est une monstruosité, comme le tyran un monstre, et dès lors, soumis à la loi des monstres, qui vivent ce que vivent les monstres : le temps d'étonner.

—

Le capricieux et fragile ressort de l'honneur est encore puissant parmi nous : c'est la dernière de nos religions.

—

En effet, quelle autre corde de morale vibre sérieusement en nous? la corde civique? la corde religieuse, la corde poétique ? la corde littéraire ?— Non. Ni le sentiment, ni l'imagination, ni rien de ce qui a des ailes ne nous anime, la production, la consommation, la récolte et la dépense, le doit et l'avoir couronnés du produit net : cela seul nous touche.

—

Notre administration matérielle est merveilleuse. Nous jetons des ponts sur tous les fleuves; nous trouons les Alpes; nous nous jouons des abîmes par nos viaducs; nous voyageons aussi promptement que la foudre; nous nous jouons du temps et de l'espace ; nous détournons des fleuves pour abreuver nos villes que nous purgeons de tout ce qui offense l'œil ou les sens ; nous en purifions l'air ; nous les pavons d'asphalte ; nos marchés regorgent de tout ce qui plait; notre pain est délicat ; nous balayons jusqu'à nos grandes routes ; nous reproduisons les poissons et les coquillages ; les primeurs sont à peine des primeurs tant elles abondent ; la laine et le coton font des prodiges ; la houille nous chauffe nous même et nous donne des couleurs si brillantes qu'elles blessent l'œil et ne pèchent que par l'excès du beau; le gaz nous éclaire splendidement en attendant mieux ; nous tirons le sucre de la betterave ; le vinaigre du bois ; nous fabriquons le vin et tous les vins : les cours d'adultes, les écoles professionnelles, les caisses de retraite pour tout le monde, l'instruction gratuite, les bains pour les pauvres ; des loteries, des bals, des souscriptions pour le malheur ; des pénitenciers pour nous amender ; des prisons si douces que certains en font leurs auberges et les fréquentent plus que les ateliers de travail : les asiles pour la démence, les crèches, les chèques, les institutions de crédit, les dispensaires, les bureaux charitables, les sociétés de secours mutuels ne nous manquent pas : nous avons le télégraphe, lequel est aérien et sous-marin ; nous possédons la vapeur, l'électricité, les vaisseaux blindés, les fusils Chassepot, nos grands et même nos petits canons; que nous manque-t-il de ce dont le corps peut jouir ou frémir ? rien. Mais où sont les vertus de l'âme qui savent apprécier tant de trésors ? où sont celles qui nous apprendraient même à nous en passer comme nos pères, qui n'en souffraient pas trop ? Mais si le bonheur nous gâte, pourquoi donc sommes-nous inquiets ? pourquoi malheureux ? pourquoi prétend-on et nous persuade-t-on que nous ne fûmes jamais plus malheureux ? et pourquoi tant de subversions pour obvier à nos malheurs !

—

Concluons : Toute nation qui a des mœurs fortes a des institutions politiques fortes : elle les a, parce qu'elle les mérite ; elle les a surtout parce qu'elle peut alors ce qu'elle veut ; — c'est dans les mœurs qu'est toute la garantie des lois; — c'est dans la religion qu'est toute la garantie des mœurs ; — ceux qui comptent faire (par les lois) les mœurs et la religion , commettent une triple erreur ; car il est évident qu'ils n'entendent ni lois, ni religion, ni mœurs.

DUBOIS-GUCHAN.

NOTA Du 1er janvier au 31 décembre 1867, il y a eu à Paris 700 suicides : sur ce nombre on compte 418 célibataires, que les charges de la famille n'accablent assurément pas , joignez-y 7 suicides d'enfants au-dessous de 16 ans : 4 garçons et 3 filles. — ajoutez à ces chiffres 215 tentatives de suicide pour Paris et sa banlieue. — (Statistique administrative.)

Lyon. — Imp. d'A. Vingtrinier.

www.ingramcontent.com/pod-product-compliance
Ingram Content Group UK Ltd.
Pitfield, Milton Keynes, MK11 3LW, UK
UKHW021019220726
13924UKWH00001B/63